DUDEN-Schülerhilfen

Aufsatz 1

24 Erzählsituationen
für das 2. und 3. Schuljahr
von Angelika Neidthardt
und Ulrike Raether

Gestaltung und Illustrationen
von Doris Rübel

DUDENVERLAG
Mannheim/Wien/Zürich

CIP-Titelaufnahme der Deutschen Bibliothek
Duden-Schülerhilfen
Mannheim; Wien; Zürich: Dudenverl.
Früher mit d. Verl.-Angabe Bibliograph. Inst.,
Mannheim, Wien, Zürich
Deutsch
Aufsatz 1 / von Angelika Neidthardt u. Ulrike Raether
24 Erzählsituationen für das 2. und 3. Schuljahr. - 1989
ISBN 3-411-02616-2

Druck und Bindung: westermann druck, Braunschweig
Printed in Germany
ISBN 3-411-02616-2

Inhaltsverzeichnis

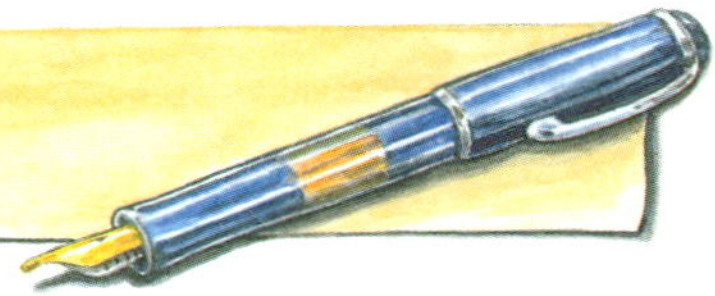

Inhaltsverzeichnis

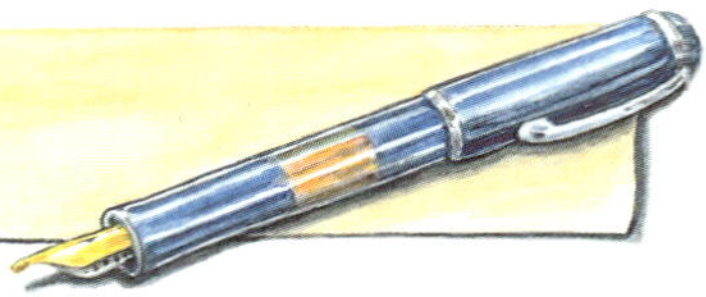

Warum schreiben?

Als sie ein kleines Mädchen war, lebte Nina mit ihrem Bruder Bernd, ihrem Vater und ihrer Mutter bei den Großeltern im Haus. Kurz bevor Nina in die Schule kam, zogen sie in eine andere Stadt, weil der Vater dort eine neue Arbeitsstelle bekam. Nina war zunächst sehr traurig, denn sie wollte sich gar nicht von ihrer Oma trennen. Zu gern saß sie auf ihrem Schoß. Niemand kann so gut trösten, so freundlich sprechen und so lange zuhören. Auch als es ans Umziehen ging, hatte die Oma viele gute Ratschläge und Ideen. Sie tröstete Nina: „Bald kommst du in die Schule und lernst schreiben und lesen. Dann können wir uns Briefe schreiben. Bis dahin werden wir viel miteinander telefonieren. Ihr kommt uns ja auch oft am Wochenende besuchen.“

Warum schreiben?

Aber so einfach, wie sich die Erwachsenen das immer vorstellen, war das mit dem Schreiben ja gar nicht. Nina hatte zwar viele Ideen, Sätze und Geschichten im Kopf – aber sie aufzuschreiben? Unmöglich! Da griff sie denn doch lieber zum Telefonhörer und erzählte der Oma alles. „Ganz schön teurer Spaß", sagte die Mutter, als sie die nächste Telefonrechnung sah.

Es dauerte immerhin ein ganzes Jahr, bis Nina langsam lesen und alles abschreiben konnte. Die Mutter schrieb ihr nun einiges vor, und Nina übertrug diese Sätze in ihrer schönsten Schrift auf selbst ausgesuchtes Briefpapier. Inzwischen ist Nina schon im zweiten Schuljahr und kann selbst kleine Briefe verfassen. Die Oma freut sich sehr, wenn sie die Geschichten von Nina liest, auch wenn sich manchmal noch einige Rechtschreibfehler versteckt haben. Beim Schreiben mahnt die Mutter manchmal: „Setze auch mal einen Punkt!" Aber für Nina ist das nicht so einfach: „Wo fängt ein Satz an und wo hört er auf?" Auch Schreiben will gelernt sein! In der Schule hat man viele Gelegenheiten, um das Schreiben zu üben, und auch dieses Buch soll beim Geschichtenschreibenlernen helfen.

Warum schreiben?

Was man alles schreiben kann

Nina schreibt nicht nur an die Oma. Oft ist gerade derjenige, dem man etwas sagen oder ausrichten will, nicht zu Hause oder soll nicht gestört werden. Dann nimmt Nina einfach ein kleines Zettelchen und einen Stift und schreibt alles auf.

An diesem Tag mußte Nina ins Bett, obwohl ihr Vater noch nicht zu Hause war. Deshalb wollte sie ihm dazu noch ihre Meinung schreiben.
Auch ihrem Bruder Bernd schreibt sie manchmal ein paar „liebe“ Zeilen, wenn sie sich besonders über ihn geärgert hat und mindestens eine Woche lang nicht mehr mit ihm reden will.

Was man alles schreiben kann

Wenn die Mutter telefoniert, kann es vorkommen, daß Nina ihr ein Blatt Papier zuschiebt. Die Mutter muß dann schnell entscheiden.

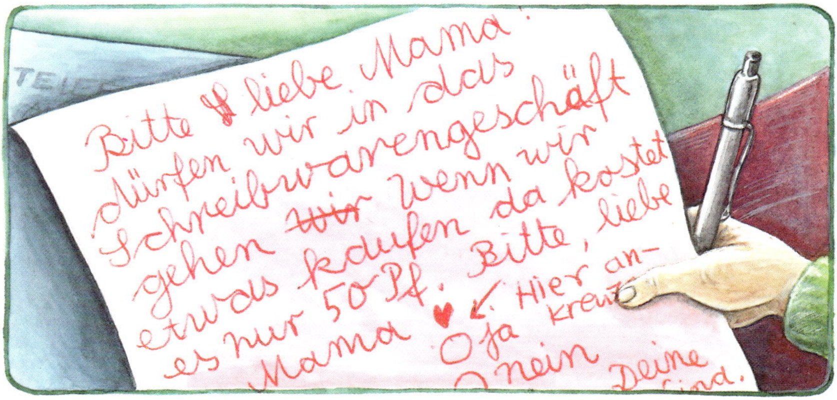

Gut, daß Nina viele Stifte und eine Menge Papier hat. Was sollte sie zum Beispiel ohne ihr kleines Buch machen, in das sie Adressen, Geburtstage und Telefonnummern ihrer Freunde und Freundinnen eingetragen hat? Schließlich telefoniert sie auch gern. Jedesmal, wenn das Telefon klingelt, freut sie sich. Aber oft ist es dann doch ein Anruf für ihren Vater oder ihre Mutter. Wenn diese dann nicht zu Hause sind, muß man sicher etwas ausrichten.

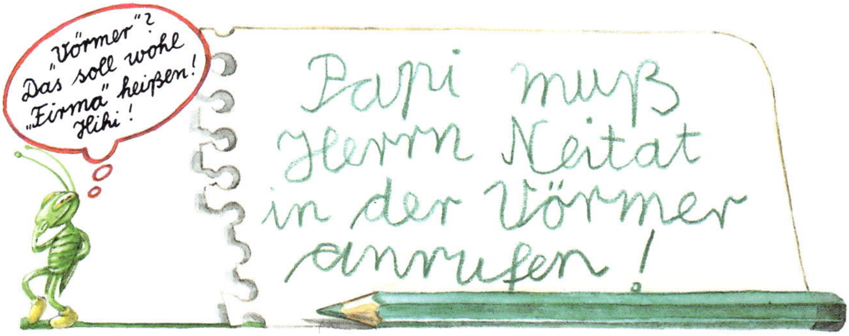

Was man alles schreiben kann

Wenigstens einmal im Jahr lassen sich Nina und ihre Mutter etwas ganz Besonderes einfallen. Dann laden sie nämlich zu Ninas Kindergeburtstag ein. Zunächst suchen sie sich eine Festidee aus und überlegen, wie sie die Einladung gestalten sollen.

Ihr habt nun gesehen und gelesen, was Nina alles schreibt. Vielleicht macht ihr es ähnlich. Vielleicht habt ihr aber auch Lust bekommen, öfter etwas aufzuschreiben. Da gibt es sicher immer jemanden, der euer Geschriebenes liest, der dann informiert, erstaunt, glücklich, neugierig, ärgerlich oder traurig ist.
Man kann aber auch nur für sich selbst schreiben, zum Beispiel ein Tagebuch. Manchmal ist man sehr überrascht, wenn man diese Sätze nach einigen Jahren wieder einmal liest.

Wie man schreiben lernt

Wie man üben kann

Wenn du ein guter Geschichtenschreiber werden willst, ist es wichtig, daß du viel schreibst und daß du Freude am Schreiben hast. Deshalb haben wir 24 Situationen in Bildern dargestellt. Sie erzählen, was Nina und Bernd das Jahr hindurch erleben, was sie fröhlich, aber auch was sie traurig macht.

Jedes Bild solltest du dir genau anschauen und den kleinen Text dazu lesen. Danach hast du vielleicht schon Lust, eine ähnliche Geschichte von dir in dein Geschichtenheft zu erzählen. Zu jedem Kapitel gibt es aber auch drei Übungsaufgaben. Durch diese Übungen kannst du das lernen, was dir und vielen anderen Kindern des zweiten und dritten Schuljahres noch Schwierigkeiten macht:

Wie man schreiben lernt

Das Geschichtenheft

Was braucht ihr zum Schreiben? Viele verschiedene Stifte (zum Schreiben und Malen) und ein Geschichtenheft.

Das Geschichtenheft soll ein besonders schönes Heft werden. Es ist dick und außen schön eingebunden, vielleicht mit glänzendem Geschenkpapier. Man kann es aber auch bekleben oder bemalen. Alle Schreibaufgaben, die du in diesem Buch findest, sollst du auf die vielen noch leeren Seiten deines Geschichtenheftes schreiben. Du kannst aber auch hineinmalen, kleben und deine Geschichten, Sätze und Wörter verzieren.

Dieses Geschichtenheft hat einen selbstbemalten Einband. Ein Tip, falls du dir auch so einen herstellen willst: Bevor du das Papier bemalst, schlage das Buch damit ein, und streiche es danach wieder glatt. Dann kannst du dich nach den Knikken richten – und alles kommt an die richtige Stelle.

Wie man schreiben lernt

Natürlich möchtest du möglichst wenig Rechtschreibfehler in deinem Geschichtenheft haben. Du solltest dir aber nicht allzuviel Sorgen machen. Du kannst ja, wenn du unsicher bist, deine Mutter oder deinen Vater, deinen Lehrer oder jemand anderen um Rat fragen. Oder hast du schon gelernt, wie man in einem Wörterbuch nachschlägt? Auch im Lösungsteil kannst du nachschauen, ob du die Wörter richtig geschrieben hast.

Wenn die Seiten deines Geschichtenheftes mit vielen Wörtern vollgeschrieben sind, bist du sicher sehr stolz. Du kannst die Geschichten, die du am Anfang geschrieben hast, später noch einmal lesen. Vielleicht stellst du fest, daß es dir inzwischen viel leichter fällt, gut zu schreiben. Nicht nur die Aufgaben aus dem Buch, auch andere Erlebnisse passen in dein Geschichtenheft. Vielleicht hast du etwas Aufregendes aus der Schule oder aus den Ferien aufzuschreiben. Wenn das erste Heft voll ist, kaufen dir deine Eltern sicher ein zweites für die Fortsetzung.

Wie man schreiben lernt

Übe mit jedem Kapitel

1. Schau das Bild oder die Bilder auf der linken Seite genau an.
2. Lies die Sätze, die darunter stehen.
3. Lies, was du selbst in dein Geschichtenheft schreiben, malen oder kleben sollst. Fange mit dem Schreiben auf einer neuen Seite an, und schreibe zuerst die Überschrift ab.

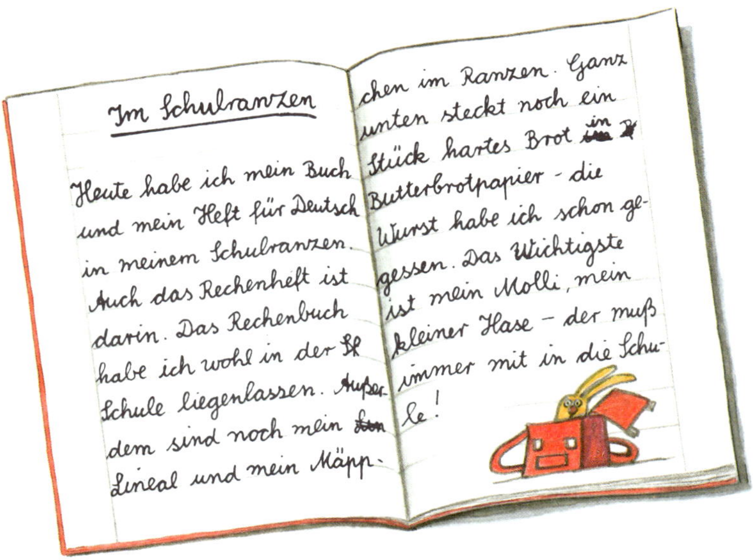

4. Schreibe die Lösungen zu den Übungen 1, 2 und 3 in dein Geschichtenheft. Vergleiche deine Anworten mit den Lösungen im Buch (ab Seite 66). Schau aber erst dann nach, wenn du die Aufgaben selbst gelöst hast.

Wie man schreiben lernt

5. Übe regelmäßig, aber nicht zu lange. Verteile die Übungen auf mehrere Tage. Fange erst dann eine neue Geschichte an, wenn du alle Aufgaben gelöst hast.
6. Achte auf die Anmerkungen zum Text:

7. Lies deine Sätze oder Geschichten immer noch einmal durch. Sind die Sätze vollständig und verständlich?
8. Schmücke deine Geschichten durch Malen und Kleben aus.

Was man sonst noch üben kann

Wer einen großen Wortschatz haben und gute Sätze bauen will, sollte viel erzählen und zuhören, schreiben und lesen. Warst du schon einmal in einer Bibliothek und hast dir eines der vielen Bücher ausgeliehen?
Kennst du Rätsel oder Witze? Erzähle sie deinen Freunden, oder schreibe sie auf, und hänge sie an eine Pinnwand. Spiele auch das Rätselspiel, bei dem man ganz genau eine Person oder einen Gegenstand beschreiben muß. Wer kann am besten beobachten?

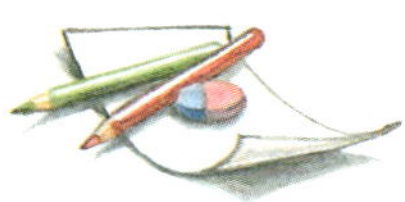

Wir stellen uns vor

Das ist Nina. Sie wohnt mitten in einer kleinen Stadt. Sie geht in die zweite Klasse. Vor drei Wochen ist sie acht Jahre alt geworden. Ihr Bruder Bernd geht schon in die dritte Klasse. Nina liest sehr gerne, fährt, so oft sie kann, mit ihren Rollschuhen und spielt am liebsten mit ihrer Puppe Anna. Aufräumen mag sie gar nicht. Dabei streitet sie sich mit Bernd.

Jetzt weißt du einiges über Nina. Und wer bist du? Male dich selbst in dein Geschichtenheft. Klebe auch etwas ein, vielleicht ein paar Haare von dir, ein Bild von deinem Haustier oder deinem Lieblingsspielzeug.

1 Schreibe die Antworten auf diese Fragen in dein Geschichtenheft.

Wie heißt du?
Wie alt bist du?
In welche Klasse gehst du?
Wo wohnst du?
Hast du Geschwister?
Was machst du besonders gern?
Welches ist dein Lieblingsspielzeug?
Was ißt du gar nicht gern?
Kannst du noch mehr von dir erzählen?

2 Wie heißt deine beste Freundin oder dein bester Freund? Schreibe einiges über sie oder ihn auf.

3 Bilde Sätze, und schreibe sie in dein Heft.
Schreibe so: *Otto spielt am liebsten mit ...*
Eva spielt ...

Im Schulranzen

Nina braucht im zweiten Schuljahr schon viele Schulsachen. Manchmal stöhnt sie über ihren schweren Ranzen. Wenn sie Hausaufgaben macht, legt sie ihre Hefte, Bücher und ihr Mäppchen auf den Schreibtisch. Beim Einpacken darf sie nichts vergessen, sonst fehlt ihr etwas am nächsten Morgen in der Schule.

Was hast du heute in deinem Schulranzen?
Schau einmal hinein!
Hast du auch ein kleines Spielzeug eingepackt?

1 Ninas Mutter möchte, daß Nina nichts vergessen hat.
Schreibe auf, was Ninas Mutter fragt.

Hast du dein Mäppchen eingepackt?
Hast du dein Pausenbrot ...?
Hast du ...?

Vergiß das Fragezeichen nicht!

2 Nina hat den Füller und ein Heft auf dem Schreibtisch liegenlassen.
Schreibe auf, was die Mutter sagt.

Packe deinen ... ein!
Packe ...!

Vergiß das Ausrufezeichen nicht!

3 Verbinde die Satzteile so, daß sinnvolle Sätze entstehen, und schreibe sie in dein Heft.

Große Pause

Nina spielt in der Pause mit ihren Freundinnen auf dem Schulhof. Sie machen Hüpfspiele. Dabei werden sie manchmal von den Jungen geärgert. Ob Bernd und Uli vielleicht mitspielen wollen?

Warst du heute in der großen Pause auch auf dem Schulhof? Schreibe auf, was du dort gespielt oder erlebt hast.

1 Hier stimmt doch etwas nicht!
Schau dir das Bild genau an, und schreibe die Sätze richtig in dein Heft.
Ute *ärgert die Mädchen.*
Bernd *sitzt auf einem Stein.*
Lisa *hüpft auf einem Bein.*
Nina *trinkt Milch.*

2 Warum weint Sebastian?
Was macht der Lehrer?
Schreibe die Antwortsätze in dein Heft.

3 Bilde aus diesen Wörtern jeweils einen Satz. Du mußt dazu vorwärts- und rückwärtshüpfen.

Im Herbst

Im Herbst geht Bernd besonders gern spazieren. Er streift durch die vielen bunten Blätter, die auf der Erde liegen und so schön rascheln. Blätter, die ihm besonders gut gefallen, nimmt er mit nach Hause und preßt sie dort zwischen dicken Büchern. Wenn der Wind kräftig bläst, läßt er mit seiner Schwester Drachen steigen.

Schreibe in dein Geschichtenheft, was du im Herbst gern machst, was du siehst oder fühlst.

1 Schreibe auf, was man im Herbst machen kann.

Blätter sammeln
Drachen steigen lassen
im Regen spazierengehen
Äpfel ernten
Obstsalat zubereiten
mit Kastanien und Eicheln basteln

Schreibe so: *Im Herbst kann man Blätter sammeln.*
Im Herbst kann ...

2 Schreibe diese Sätze in dein Geschichtenheft.

Karin findet ein schönes  .

Klaus spannt den  *auf.*

Viele reife  *hängen auf dem*  .

3 Auf jedem Drachen steht ein Satz. Die Satzteile sind durcheinandergeraten. Ordne sie zu einem richtigen Satz, und schreibe den Satz auf.

Der Weihnachtsbaum

Nina und Bernd helfen jedes Jahr beim Schmücken des Weihnachtsbaums. Die Mutter verteilt die Aufgaben, und jeder gibt sich viel Mühe. Wenn der letzte Stern aufgehängt ist und alle Kerzen an den Zweigen stecken, wird der Baum von allen bewundert. Die Oma meint jedes Jahr: „So schön war er noch nie!"

Schreibe auf, wie ihr zu Hause den Weihnachtsbaum schmückt. Hilfst du den Eltern auch bei anderen Weihnachtsvorbereitungen?

1 Schreibe in dein Geschichtenheft, wie Nina, der Vater, die Mutter und Bernd den Weihnachtsbaum schmücken.

Schreibe so: *Der Vater stellt ...*
Die Mutter ...

2 Die Mutter verteilt die Aufgaben. Was sagt sie? Schreibe die Aufforderungssätze in dein Heft.

Klaus, stelle bitte den Weihnachtsbaum auf!
Nina, befestige ...!
Bernd, ...!

3 So könnte ein Einleitungssatz lauten. Suche einen Schlußsatz zu deiner Geschichte.

Das Tagebuch

Nina hat ein neues Tagebuch. Sie führt es sehr sorgfältig. Wenn sie einmal nicht genügend Zeit dazu hat, macht sie sich wenigstens Notizen auf kleinen Zettelchen. Später kann sie dann ihre Erlebnisse ausführlich in ihr Tagebuch eintragen.

Schreibe in dein Geschichtenheft, was dir heute besonders viel Spaß gemacht hat. Und was hat dir heute gar nicht gefallen? Wenn du willst, kannst du jeden Tag einen „Meckersatz“ aufschreiben.

1 Entscheide, welchen Zettel Nina am Vormittag, am Nachmittag, am Abend geschrieben hat, und numeriere die Zettel (1, 2, 3).

2 Schreibe ausführlich auf, was Nina an diesem Tag erlebt hat. Achte auf die richtige Reihenfolge, und schreibe in ganzen Erzählsätzen.

Beginne so: *Ninas Mutter hat verschlafen.*
Nina hatte keine Zeit zum ...

3 Heute abend ist Nina sehr traurig. Während sie in ihr Tagebuch schreibt, tropfen Tränen auf die Tinte. Kannst du die Sätze vollständig aufschreiben?

Zu spät

Es ist 18.30 Uhr. Bernd klingelt an der Haustür. Die Mutter öffnet und fängt gleich an zu schimpfen, weil er eine halbe Stunde zu spät kommt. Sie hat ihn um 18 Uhr zum Abendessen erwartet. Bernd versucht, sich zu entschuldigen.
Warum ist er wohl zu spät gekommen?

Sicher hast du dich auch schon einmal verspätet. Schreibe dieses Erlebnis auf. Warum bist du zu spät gekommen? Wie hast du dich entschuldigt? Was haben die anderen gesagt?

1 Was könnte in den Sprechblasen im Bild auf der linken Seite stehen?

Schreibe so: *Die Mutter schimpft: ...*
Bernd erklärt: ...

2 Kannst du aus zwei Sätzen einen machen?

Nina kommt zu spät. Sie hat verschlafen.
Nina kommt zu spät. Sie hat den Bus verpaßt.
Nina kommt zu spät. Ihre Uhr geht nach.

Schreibe so: *Nina kommt zu spät, weil ...*

3 Schreibe in vollständigen Sätzen auf, was die Kinder im Lauf des Tages machen. Gib den Kindern Namen.
Schreibe so: *Um ... Uhr ...*

Der Urlaub

Der Vater hat mehrere Urlaubsprospekte mitgebracht. Fröhlich erzählt er, daß er eine schöne Ferienwohnung für den nächsten Sommerurlaub ausgesucht hat. Morgen will er gleich zum Reisebüro gehen und die Reise buchen. Die Kinder sind sehr neugierig und haben viele Fragen.

Schreibe auf, wohin du in den Ferien fahren möchtest. Male in dein Heft, wie es an deinem Ferienort aussehen sollte. Du kannst auch Bilder aus Zeitschriften ausschneiden und einkleben.

1 Welche Antwort gehört zu welcher Frage? Schreibe den Fragesatz und den passenden Antwortsatz in dein Heft.

In welches Land fahren wir?
Liegt das Haus am Meer oder in den Bergen?
Haben wir ein Haus ganz für uns allein?
Wie ist dort das Wetter im Sommer?

?

Das Haus liegt ganz nah am Meer.
Nein, wir mieten eine Ferienwohnung in einem großen Haus.
Dieses Jahr fahren wir nach Frankreich.
Im Juli gibt es dort nur selten einen Regentag.

2 Diese drei Sätze sind gleich gebaut.

1. | Wir bauen | eine Burg | aus Sand | .
   | Eine Burg | aus Sand | bauen wir | .
   | Aus Sand | bauen wir | eine Burg | .

2. | Wir suchen | schöne Muscheln | am Strand | .
3. | Wir essen | ein großes Eis | am Nachmittag | .

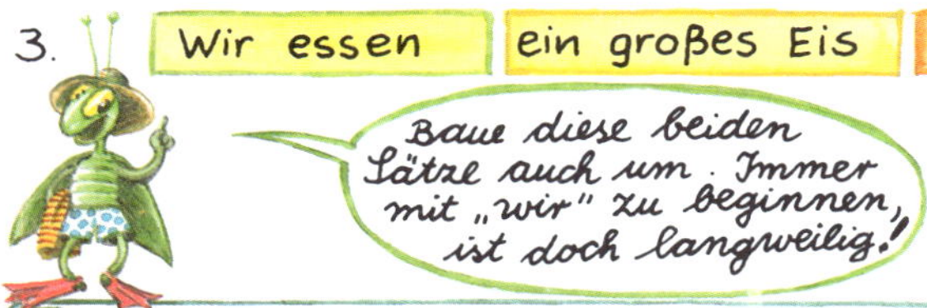

3 Schreibe auf, was Nina, Bernd, der Vater und die Mutter in den Ferien machen wollen.

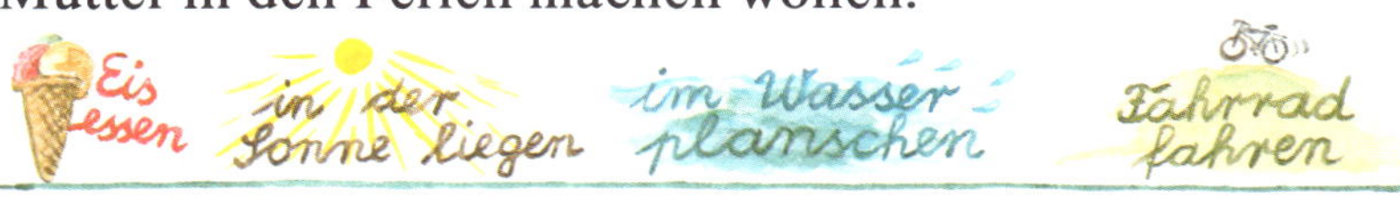

Wind und Wetter

Eigentlich wollte Bernd heute seinen Drachen steigen lassen, aber in der Nacht hat der Wind Regenwolken über das Land getrieben. Draußen regnet es in Strömen. Der Wind rüttelt an den Zweigen der Bäume und wirbelt die Blätter vom Boden auf. Regentropfen trommeln auf das Vordach und platschen an die Fensterscheibe. Nur langsam läßt der Regen nach, und die Sonne kommt heraus. Aber nun ist die Wiese naß.

Schau aus dem Fenster, und versuche, das Wetter genau zu beschreiben. Vielleicht hast du Lust, einmal ein Wettertagebuch zu führen.

1 Bilde aus den Silben Zeitwörter, ordne zu, und schreibe so:

Der Wind kann: pfeifen, wirbeln, ...
Der Regen kann: trommeln, platschen, ...

2 Setze „Wind“ oder „Regen“ vor ein passendes Namenwort, und schreibe die zusammengesetzten Namenwörter in dein Heft.

Tropfen – Schirm – Mantel –
Rad – Wurm – Mühle –
Rose – Bogen – Wasser –
Wolken – Richtung – Stärke
Schreibe so: *Wind + Rad = Windrad.*

3 Löse das Rätsel, und schreibe die Lösungen in dein Heft.

Das Meerschweinchen

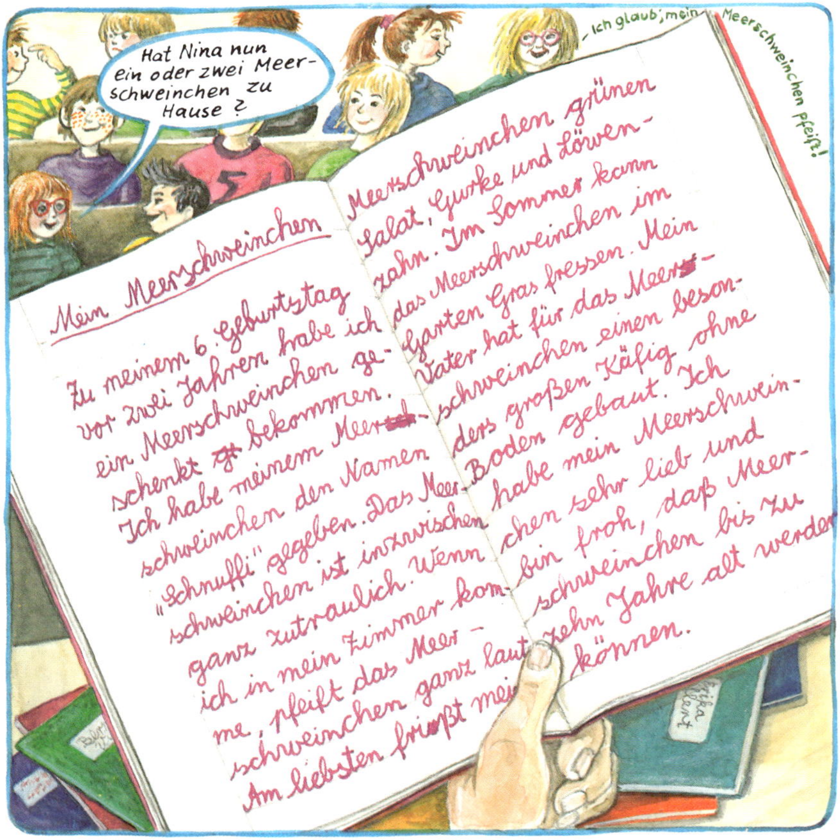

Nina mußte heute in der Schule einen Aufsatz über ihr Haustier schreiben. Natürlich konnte sie über ihr Meerschweinchen einiges erzählen. Anschließend durfte sie die Geschichte der Klasse vorlesen. Die Lehrerin war mit dem Aufsatz noch nicht ganz zufrieden.
Warum wohl?

Welches ist dein Lieblingstier? Beschreibe es, und erzähle von ihm.

1 Nina hat in ihrem Aufsatz das Wort „Meerschweinchen" in jedem Satz gebraucht. Schreibe Ninas Aufsatz verbessert in dein Geschichtenheft. Du kannst das Wort „Meerschweinchen" durch ein Fürwort oder durch den Namen des Meerschweinchens ersetzen.

2 Schreibe die Sätze ab, und ersetze im zweiten Satz das Namenwort durch das Fürwort „er", „sie" oder „es".

Der  *ist ein Nachttier. ... ist bei Dunkelheit besonders munter.*

Die  *liebt die Freiheit. ... kommt aber immer wieder nach Hause zurück.*

Das  *ist ein Nagetier. ... frißt gern Nüsse.*

3 Von wem ist denn hier die Rede?

Verloren

Letzte Woche bekam Bernd von seiner Oma ein Paar neue Handschuhe geschenkt. Er durfte sie selbst aussuchen. Natürlich hat er sich gleich für die Fingerhandschuhe entschieden, die auf jedem Finger ein lustiges Gesicht haben. Und nun hat er einen verloren. Als er heute morgen das Schulhaus betrat, hatte er beide ausgezogen, aber jetzt ist nur noch einer unter der Bank. Nun ist er sehr traurig.

Hast du auch schon einmal etwas verloren? Erzähle von deinem Erlebnis, und schreibe es in dein Geschichtenheft.

1 Bernd hängt eine Anzeige an das schwarze Brett in der Pausenhalle, aber keiner kann danach den verlorenen Handschuh erkennen.

Schreibe für Bernd eine Suchmeldung mit genauen Angaben.

Ist Bernds Handschuh aus: Wolle, Leder, Stoff?
Ist Bernds Handschuh ein: Fausthandschuh, Fingerhandschuh?
Ist Bernds Handschuh: einfarbig, mehrfarbig, gestreift, bunt, gepunktet, gemustert, kariert?
Hat er besondere Kennzeichen?

2 Schreibe eine Suchanzeige für diesen Anorak:
Ich habe meinen Anorak verloren. Er ist ...

3 Kennst du diese Handschuhe?
Schreibe die zusammengesetzten Namenwörter auf.

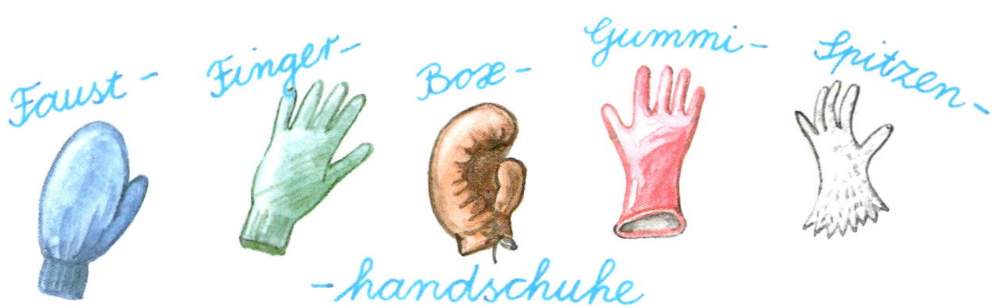

Gegenstände raten

Seit einigen Tagen regnet es. Nina langweilt sich, weil sie nicht draußen spielen kann. Plötzlich hat sie eine gute Idee. Sie verabredet sich mit Susanne und Stefan, denn zu dritt können sie auch im Zimmer schöne Spiele machen. Am liebsten mag Nina das Ratespiel: Einer sucht sich einen Gegenstand im Zimmer aus und versucht, ihn ganz genau zu beschreiben. Wer rät ihn wohl zuerst?

Rate: Mein Gegenstand läuft über ein Blatt und zieht feine Linien. In seinem Bauch hat er blaue oder rote Tinte. Schreibe ähnliche Rätsel in dein Geschichtenheft.

1 Beschreibe diese Gegenstände ganz genau.
Denke an Größe, Gewicht, Farbe, Form, Material. Was kann man mit dem Gegenstand machen?

Schreibe so:

Mein Gegenstand ist aus …
Man kann …
Mein Gegenstand hat …

2 Findest du das Gegenteil? Schreibe das Eigenschaftswort und sein Gegenteil in dein Heft.

stumpf – spitz	*neu – …*	*eckig – …*
schwer – …	*hart – …*	*dick – …*
durchsichtig – …	*süß – …*	*glatt – …*

3 Zwei Merkmale sind in jedem Bild falsch. Streiche sie aus, und beschreibe den Gegenstand mit den richtigen Eigenschaften.

Verkleiden

Nina hat sich lange überlegt, wie sie sich an Fasching verkleiden soll. Schließlich hat sie sich entschieden, wieder Prinzessin zu werden. Es ist zu schön, Omis alten Spitzenunterrock zu tragen. Ein Krönchen kann man schnell aus Goldpapier ausschneiden. Es fehlt ihr nur noch ein schöner Glitzerschal. Den leiht sie sich von ihrer Mutter.

Wie hast du dich beim letzten Faschingsfest verkleidet? Gibt es ein Foto von dir? Klebe es doch in dein Geschichtenheft.

1 Greife das Eigenschaftswort heraus, das am besten zu den Figuren paßt.

Seeräuber	stolz
Prinzessin	dick
Zauberer	mutig
Clown	einäugig
Indianer	schlau

Schreibe so: *Klaus ist ein einäugiger Seeräuber.*
Nina ist ...

2 Setze lustige Namen zusammen.

dick	+	*Nase*	=	*Clown Dicknase*
spitz	+	*Hut*	=	*Zauberer ...*
scharf	+	*Säbel*	=	...
bunt	+	*Feder*	=	...
golden	+	*Haar*	=	...

3 In welcher Stimmung ist der Clown? Suche ein treffendes Eigenschaftswort.

Auf dem Schulweg

Viele Kinder eilen zur Schule. Nina trödelt. Verträumt schlendert sie an den Geschäften vorbei. An der Fußgängerampel überquert sie die Straße. Als sie an der großen Uhr vorbeigeht, erkennt sie, daß der Unterricht gleich beginnt. Sie rennt los. Doch da saust ein anderes Kind um die Ecke. Durch den Zusammenstoß wird Nina am Bein verletzt. Langsam humpelt sie weiter. Heute kommt sie zu spät zur Schule. Leise schleicht sie an ihren Platz.

Bist du auch schon einmal zu spät zur Schule gekommen? Warum? Erzähle!

1 Man kann auf verschiedene Weise gehen. Ersetze „gehen“ durch ein anderes treffendes Wort, und schreibe die Sätze in dein Heft. Benutze die Wörter aus der Geschichte.

Nina **geht** langsam an den Geschäften vorbei.
Nina **geht** über die Straße.
Viele Kinder **gehen** schnell zur Schule.
Ein Kind **geht** schnell um die Ecke.
Nina **geht** verletzt weiter.
Nina **geht** leise und langsam an ihren Platz.

2 Setze das passende Wort ein, und schreibe den Satz in dein Heft.
Leute, die zu Fuß gehen, nennt man ...
Leute, die auf Berge steigen, nennt man ...
Leute, die spazieren gehen, nennt man ...

3 Wie gehen diese Kinder? Schreibe noch mehr Wörter für „gehen“ auf.

Im Haus

Nina und Bernd wohnen mit ihren Eltern im ersten Stock eines Mietshauses. Darunter, im Erdgeschoß, arbeiten tagsüber einige Leute in einem Büro. Über ihnen im zweiten Stock lebt die Familie Reiser. Sie hat ein Baby, das man schreien hört, wenn es Hunger hat. Ganz oben unter dem Dach bewohnt die Studentin Nora ein Zimmer. Sie ist am Abend manchmal bei Nina, wenn die Eltern nicht zu Hause sind.

Beschreibe, wo du wohnst. Hat dein Haus ein Giebel- oder ein Flachdach? Wohnen noch andere Familien im Haus?

1 Immer „machen“, das ist ja zum Lachen!

Nina **macht** ihre Hausaufgaben.
Ninas Mutter **macht** die Betten.
Herr Reiser **macht** das Baby sauber.
Bernd **macht** einen Turm.
Der Architekt **macht** einen Bauplan.
Nora **macht** einen Pudding.

Ersetze „machen“ durch treffende Zeitwörter, und schreibe die Sätze in dein Heft.

2 Schreibe auf, was man alles im Bad machen kann.
duschen, Zähne putzen, ...

3 Suche, was in Ninas und Bernds Haus dieses Geräusch macht: klappern – brummen – klirren – rasseln.
Schreibe so: *Der Wecker .....*

In der großen Stadt

Bernds Freund ist in eine große Stadt gezogen. Dort will Bernd ihn am Wochenende besuchen. Der Vater hat versprochen, ihn hinzubringen. Aber nun hat er sich im Zentrum der Großstadt schon zweimal verfahren. Bernd beobachtet erstaunt den starken Verkehr und wundert sich über den Lärm. Autos sausen vorbei, Reifen quietschen, Motorräder rattern, die Straßenbahn bimmelt. „Wie sich hier nur die Fahrradfahrer zurechtfinden?“ fragt sich Bernd.

Warst du schon einmal in einer großen Stadt?
Was ist dir aufgefallen? Erzähle.

1 Alles rollt auf Rädern: die Straßenbahn, der Sportwagen, das Taxi, der Bus, die Rollschuhe, das Fahrrad, das Motorrad, der Kinderwagen, der Krankenwagen, die Schubkarre, das Feuerwehrauto, der Handwagen, der Zug, die Untergrundbahn, das Dreirad, das Müllauto.

Ordne zu: *Diese Fahrzeuge fahren schnell: der Zug ...*
Diese Fahrzeuge fahren langsam: das Dreirad ...
Diese Fahrzeuge fahren laut: ...
Diese Fahrzeuge fahren leise: ...

2 Wo?

Das Motorrad wartet	**im Bahnhof.**
Die Untergrundbahn rast	**im Parkhaus.**
Der Schnellzug hält	**an der Ausfahrt.**
Das Fahrrad fährt	**unter der Straße.**
Das Auto parkt	**vor der Ampel.**
Der Lastwagen steht	**auf dem Radweg.**

3 Löse die Bilderrätsel.
Schreibe so: *die Fahrkarte* *der Autofahrer*
die Fahr... *der ...fahrer*

Wir basteln mit Blättern

1) bunte Blätter sammeln

2) zwischen Zeitungspapier legen

3) unter schweren Büchern pressen

4) gepreßte Blätter auf ein Zeichenblatt legen

5) Figuren festkleben

6) das fertige Bild aufhängen

Bernd klebt im Herbst Figuren aus getrockneten Blättern auf. Sein Freund möchte es ihm nachmachen. Bernd erklärt es ihm ganz genau und achtet auf die richtige Reihenfolge.

Klebe auch Blättermännchen in dein Geschichtenheft. Achte dabei genau auf die einzelnen Arbeitsschritte.

1 Schreibe eine Bastelgeschichte. Bilde mit den Stichwörtern unter den Bildern ganze Sätze. Achte genau auf die Reihenfolge.
Beginne so: *Im Herbst sucht man auf der Erde bunte Blätter. Die schönsten sammelt man ...*

2 Lies deinem Freund oder deiner Freundin die Bastelgeschichte vor. Wenn sie noch Fragen haben, mußt du deine Anleitung genauer schreiben.

3 Ordne die Blätter, und schreibe die Sätze in der richtigen Reihenfolge ab.

Ein neues Kleid

Die Oma feiert bald ihren 60. Geburtstag. Nina darf sich für diesen Tag ein neues Kleid aussuchen.

Erzähle von deinem letzten Schuh- oder Kleiderkauf.

1 Betrachte die Bilder der Reihe nach. Überlege, was die Zeichnerin in Bild 5 vergessen hat. Male das fehlende Bild in dein Geschichtenheft, und beschreibe es.

2 Schreibe die ganze Geschichte in der richtigen Reihenfolge in dein Heft. Diese Wörter können dir helfen:

3

Auch zwischen den Bildern geschieht etwas. Wo könnte man dieses Bild einschieben?

Der Brief

Bernd hat sich zwei wichtige Termine in seinen Taschenkalender eingetragen. Am Mittwoch, dem 11. Januar, hat die Oma Geburtstag. Aber erst später wird in Karlsruhe gefeiert. Darauf freut sich Bernd sehr, weil die Oma die besten Kuchen backt. Schnell entschließt er sich, einen kurzen Geburtstagsbrief zu schreiben.

Führst du einen Geburtstagskalender? Schreibe in dein Geschichtenheft alle Geburtstage, die du nicht vergessen willst.

1 Schreibe für Bernd einen Brief an die Oma. Du solltest ihr zuerst zum Geburtstag gratulieren und ihr alles Gute wünschen. Danach kannst du sie noch einmal daran erinnern, daß ihr am Sonntag zum Kaffeetrinken kommt und du dich schon freust.

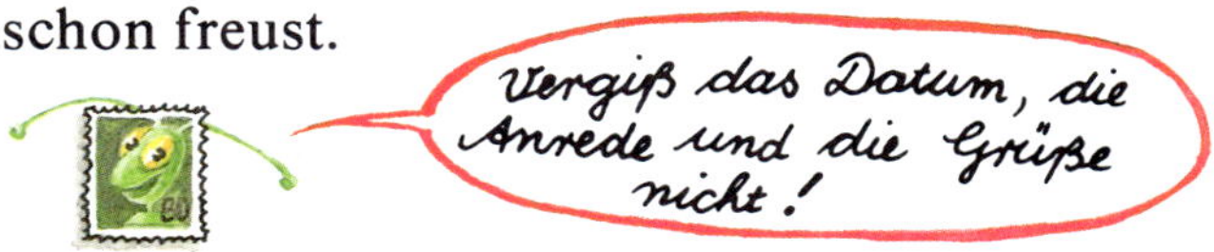

2 Nina bemerkt, daß Bernd bei der Anschrift etwas vergessen hat. Schreibe die Anschrift vollständig in dein Heft.

3 Setze das passende Anredefürwort in die Lücke ein, und schreibe den Brief vollständig in dein Heft.

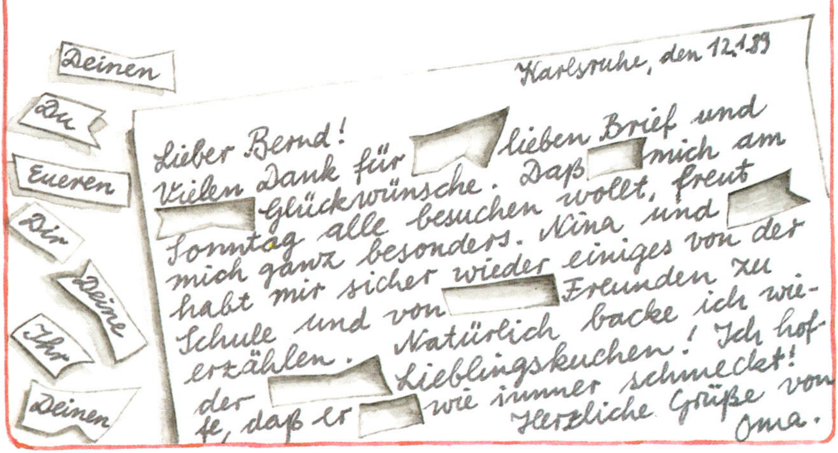

Im Winter

Endlich hat es geschneit. Nina und Bernd laufen schnell in den Keller und holen ihren Schlitten. Gleich hinter dem Haus ist ein kleiner Hang. Mit großem Vergnügen sausen sie einige Male die kurze Strecke hinunter. Da hat Bernd die Idee, eine kleine Schanze zu bauen und mit dem Schlitten darüberzufliegen.
Ob der zweite Versuch wohl gelingt?

Bist du beim Schlittenfahren auch schon einmal in den Schnee gefallen? Vielleicht bist du auch beim Skifahren gestürzt. Schreibe dein Erlebnis in dein Geschichtenheft.

Geschichten – Geschichten – Geschichten

1 Welches Kästchen gehört zu welchem Bild? Setze die richtigen Ziffern ein. Schreibe die Geschichte in der richtigen Reihenfolge und in ganzen Sätzen in dein Heft.

○ Beide – auf den Schlitten – sich setzen
Sie – den steilen Hügel – hinuntersausen
Die Kinder – über die Schanze – fliegen

○ O je – sie – im Schnee – landen
Schlitten – allein – den Berg – hinunterfährt
Nina und Bernd – im Schnee – stecken

○ Nina und Bernd – im Schnee – spielen
Sie – kleine Schanze – bauen
Schnee – mit den Händen – festklopfen

○ Sie – gegenseitig – sich betrachten
Die Geschwister – laut – lachen – müssen
Schnell – sie – den Schnee – abklopfen

2 Wähle eine treffende Überschrift für die Geschichte aus.

Die lachenden Schneemänner
So ein Pech!
Die leichtsinnige Schlittenfahrt
Im tiefen Schnee
Die weiche Landung im Schnee

3 Finde möglichst viele zusammengesetzte Namenwörter, die mit „Schnee“ beginnen: *Schneesturm, Schneefall, Schnee …*

Die Busfahrt

Ninas Patentante wohnt in einem anderen Stadtteil. Schon oft sind Nina und ihre Mutter dort hingefahren, um sie zu besuchen. Inzwischen kennt sich Nina so gut aus, daß sie allein den Bus benutzen kann. Tante Andrea holt sie gern an der Bushaltestelle ab.

Bist du schon einmal mit dem Bus, der Straßenbahn oder dem Zug gefahren? Erzähle!

1 Die Bilder der Geschichte sind durcheinandergeraten. Schreibe die Stichwörter zu den Bildern in der richtigen Reihenfolge auf, und numeriere die Bilder.

- ○ den Halteknopf drücken
- ○ auf einen freien Platz setzen
- ○ an der Bushaltestelle warten
- ○ Fahrkarte entwerten
- ○ die Tante begrüßen
- ○ in den Bus einsteigen

2 Schreibe nun in der richtigen Reihenfolge in dein Geschichtenheft, wie Nina mit dem Bus zu ihrer Tante fährt. Schau dir die Bilder genau an.

3 Schreibe auf, was die Kinder falsch machen und warum ihr Verhalten gefährlich ist.

Alle helfen mit

In Bernds Familie gibt es viel zu tun. Jeder hat seine Aufgaben. Bernd soll täglich den Abfalleimer zur Mülltonne vor dem Haus bringen. Nina soll zweimal in der Woche den Käfig ihres Meerschweinchens saubermachen. Das klappt nicht immer. Aber manchmal stehen die beiden am Morgen leise auf und decken den Frühstückstisch. Das ist für die Eltern eine besonders freudige Überraschung.

Welche Aufgabe übernimmst du in deiner Familie oder hilfst du deiner Mutter nur am Muttertag oder an ihrem Geburtstag? Erzähle!

1 Schau dir die einzelnen Bilder der Geschichte der Reihe nach an. Schreibe dann zu jedem Bild mindestens einen Satz in dein Geschichtenheft.
Diese Wörter können dir helfen:

2 Eine Geschichte wird lebendiger, wenn du die Personen sprechen läßt. Schreibe auf, was die Personen sagen.

Ninas Mutter bittet: ...
Susi begrüßt ihre Freundin Nina: ...
Nina flüstert Susi ins Ohr: ...
Die Mutter ruft aus dem Fenster: ...
Nina schreit vor Schreck: ...

3 Man kann auf verschiedene Weise sprechen: *rufen, schimpfen, flüstern, erzählen.*
Schreibe zu jedem Bild einen Satz mit dem treffenden Zeitwort.

Der Traum

In der Schule haben Nina und ihre Klassenkameraden verschiedene Papierflieger gebastelt. Morgen wollen sie im Klassenzimmer einen Flugwettbewerb veranstalten. Welches Flugzeug fliegt wohl am weitesten? Welches kann sich am längsten in der Luft halten? In der Nacht hat Nina einen aufregenden Traum: Sie schwebt selbst auf ihrem Papierflieger durch die Luft. Was man dort oben doch alles sehen und erleben kann!

Kannst du dich an einen schönen, einen aufregenden oder einen schlimmen Traum erinnern? Schreibe ihn auf.

1 Im Traum ist alles möglich.
Erfinde eine spannende Geschichte von Nina, die auf ihrem Papierflieger wie ein Vogel durch die Luft fliegt.

Überlege:
Was könnte sie von oben sehen?
Eine Schule, Straßen, Autos, einen Fluß, einen Verkehrsunfall ...

Was könnte ihr in der Luft begegnen?
Ein Ballonfahrer, ein Drachenflieger, eine Wolke, ein Vogel, eine Feder, ein Hubschrauber ...

2 Finde für deine Geschichte eine treffende Überschrift.

3 Nicht alle fliegen gleich.

Der Schmetterling .... um die Blüten.
Die Mücke .... um das Licht.
Das Segelflugzeug .... über die Felder.
Die Feder .... zur Erde.
Die Rakete .... in den Himmel.
Die Möwe .... über das Wasser.

Am See

Es ist ein schöner Sommertag. Bernd und Nina fahren mit ihren Eltern an einen großen See zum Baden. Um die Mittagszeit sitzen sie im Gras und lassen sich das gute Essen schmecken, das die Mutter vorbereitet hat. Plötzlich ziehen schwarze Wolken am Himmel auf. O Schreck! Da fällt Nina ein dicker Regentropfen in ihr Glas. In der Ferne hört man schon ein Donnern.

Bist du auch schon einmal vom Regen überrascht worden? Schreibe dein Erlebnis auf.

1 Nach einigen Tagen schreibt Nina das Erlebnis in ihr Tagebuch. Schreibe diesen Text in dein Geschichtenheft, und setze die Zeitwörter in der richtigen Form ein.

Erlebnisse erzählt man in der Vergangenheit.

Am letzten Sonntag [fahren] wir schon am frühen Morgen mit dem Auto an einen See. Nach der Ankunft [auspacken] wir zuerst unser Schlauchboot [ ]. Bernd und Vati [beginnen] sofort mit dem Aufblasen. Ich [stürzen] mich gleich ins Wasser und [tauchen] nach schönen Steinen. Um die Mittagszeit [ausbreiten] Mutti die große Tischdecke [ ]. Sie [stellen] Schüsseln mit feinen Salaten, Würstchen und andere leckere Sachen darauf. Als wir gerade mit dem Essen [anfangen], [hören] wir in der Ferne ein Grollen. Da [fallen] auch schon die ersten Regentropfen. Eilig [packen] wir alles zusammen und ...

2 Ninas Erlebnis ist nicht zu Ende erzählt. Schreibe auf, wie es an diesem Tag weitergegangen sein könnte.

3 Was gehört zusammen?
Schreibe so: *es tropft – es tropfte*

JETZT: ich schwimme

VOR EINIGER ZEIT: ich schwamm

es tropfte
ich esse
er rannte
es donnert
sie fallen
er rennt
es tropft
es donnerte
sie fielen
ich aß

Lösungshilfen

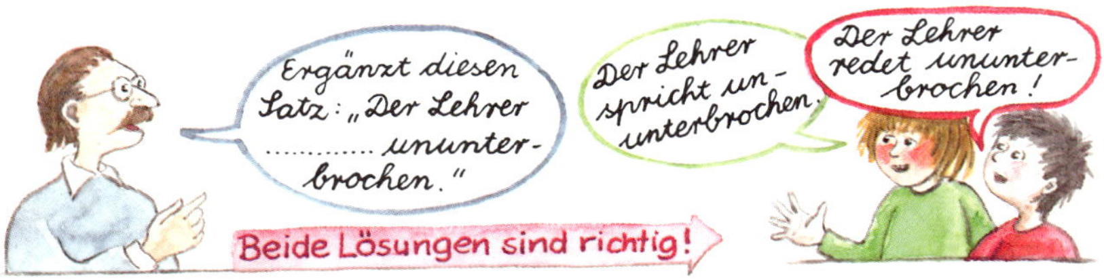

14 + 5 = 19
Bei dieser Rechenaufgabe gibt es nur *eine* Lösung. Sie heißt: **19.** Wenn wir aber Sätze bilden, nach treffenden Wörtern suchen oder Geschichten schreiben, dann gibt es oft *mehrere* gute Lösungen. Hier findest du Lösungsvorschläge, die du mit deinen Lösungen vergleichen kannst.
Für Fragen, die nur du persönlich beantworten kannst, findest du keine Antworten.

Seite 19

1. *Diese Fragen kannst du nur selbst beantworten.*

2. *Setze nach jedem Antwortsatz einen Punkt.*

3. Otto spielt am liebsten mit seinem Teddy.
   Eva spielt am liebsten mit ihrem Puppenhaus.
   Uli spielt am liebsten mit seinem Traktor.
   Anja spielt am liebsten mit ihren Bauklötzen.

Seite 21

1. Hast du dein Mäppchen eingepackt?
   Hast du dein Pausenbrot eingepackt?
   Hast du dein Schreibheft eingepackt?
   Hast du dein Lesebuch eingepackt?
   Sie könnte noch nach anderen Dingen fragen.

2. Packe deinen Füller ein!
   Packe dein Heft ein!

3. Ich schreibe in das Heft.
   Ich male mit dem Pinsel.
   Ich lese in einem Buch.
   Ich spitze mit dem Spitzer.

Seite 23

1. Ute sitzt auf einem Stein.
   Bernd ärgert die Mädchen.
   Lisa trinkt Milch.
   Nina hüpft auf einem Bein.

Lösungshilfen

2. Sebastian ist auf einen Baum geklettert. Nun hängt er an einem hohen Ast und wagt nicht, hinunterzuspringen. Der Lehrer streckt seine Arme nach ihm aus und will ihm helfen.

3. Tina klettert auf den Baum.
   Ulf kauft beim Bäcker eine Brezel.
   Lars liest in einem Buch.

Seite 25

1. Im Herbst kann man Blätter sammeln.
   Im Herbst kann man Drachen steigen lassen.
   Im Herbst kann man im Regen spazierengehen.
   Im Herbst kann man Äpfel ernten.
   Im Herbst kann man Obstsalat zubereiten.
   Im Herbst kann man mit Kastanien und Eicheln basteln.

2. Karin findet ein schönes Blatt.
   Klaus spannt den Regenschirm auf.
   Viele reife Äpfel hängen auf dem Baum.

3. Karin bastelt einen Drachen.
   Klaus bindet den Schwanz an.
   Sie gehen auf eine Wiese. Der Wind trägt den Drachen in den Himmel.

Seite 27

1. Der Vater stellt den Weihnachtsbaum auf.
   Die Mutter steckt die Spitze auf.
   Nina befestigt die Kerzen.
   Bernd hängt die Sterne und Herzen auf.

2. Klaus, stelle den Weihnachtsbaum auf!
   Nina, befestige die Kerzen!
   Bernd, hänge die Sterne und Herzen auf!

Seite 29

1.

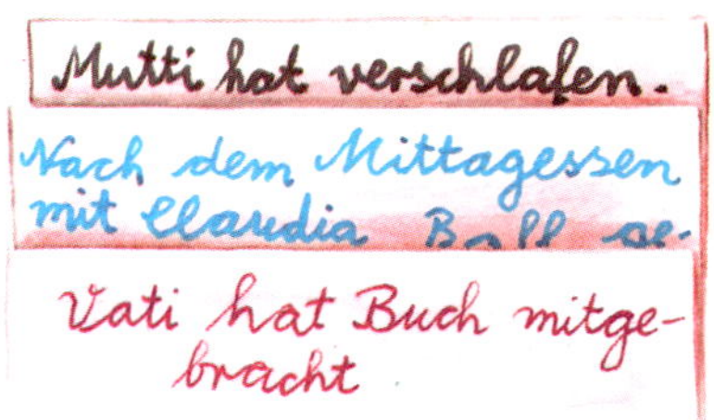

2. Ninas Mutter hatte verschlafen. Nina hatte keine Zeit zum Frühstücken. Auf dem Schulweg traf sie Anja. Gleich in der ersten Stunde mußten sie ein Diktat schreiben. Nach dem Mittagessen spielte Nina mit Claudia Ball. Anschließend machte sie ihre Hausaufgaben.

Lösungshilfen

Sie besuchte Klaus und beobachtete dessen Hamster. Um fünf Uhr ging sie in die Flötenstunde. Am Abend brachte Ninas Vater ein Buch mit. Lisa schüttete beim Abendessen die Milch um. Vor dem Schlafen las Nina in ihrem neuen Buch.

3. Heute war kein schöner Tag. Am Morgen hatte ich Streit mit Bernd. Dabei ist die Tasse mit Kakao umgefallen. Vati hat sehr mit mir geschimpft. Aber ich hatte keine Schuld. Als ich von der Schule nach Hause kam, erzählte mir Mutti, daß das Meerschweinchen nicht mehr frißt. Es ist sicher krank. Morgen gehen wir zum Tierarzt.

Seite 31

1. Die Mutter könnte schimpfen: Weißt du, wieviel Uhr es ist? Du wolltest doch um 18 Uhr zum Abendessen kommen! Wir warten schon eine halbe Stunde. Ich habe mir große Sorgen gemacht.

   Bernd könnte erklären: Ich wollte ja pünktlich zurück sein. Aber auf dem Nachhauseweg bin ich auf ein parkendes Auto aufgefahren. Ich habe nur kurz nach hinten geschaut, und schon war es passiert. Mein Fahrrad ist ganz verbogen, und ich mußte die ganze Strecke zu Fuß nach Hause laufen.

2. Nina kommt zu spät, weil sie verschlafen hat.
   Nina kommt zu spät, weil sie den Bus verpaßt hat.
   Nina kommt zu spät, weil ihre Uhr nachgeht.

3. Um 7 Uhr sitzt Sabine am Frühstückstisch und ißt ihr Müsli.
   Um 16 Uhr lassen Rita und Sven auf der Wiese ihren Drachen steigen.
   Um 20 Uhr liegt Christian in seinem Bett und liest ein Indianerbuch.

Seite 33

1. In welches Land fahren wir?
   Dieses Jahr fahren wir nach Frankreich.
   Liegt das Haus am Meer oder in den Bergen?
   Das Haus liegt ganz nah am Meer.
   Haben wir ein Haus ganz für uns allein?
   Nein, wir mieten eine Ferienwohnung in einem großen Haus.
   Wie ist dort das Wetter im Sommer?
   Im Juli gibt es dort nur selten einen Regentag.

2. Wir suchen schöne Muscheln am Strand.
   Schöne Muscheln suchen wir am Stand.
   Am Strand suchen wir schöne Muscheln.

Lösungshilfen

Wir essen ein großes Eis am Nachmittag.
Am Nachmittag essen wir ein großes Eis.
Ein großes Eis essen wir am Nachmittag.

3. Nina will in den Ferien viel Eis essen.
Bernd will in den Ferien im Wasser planschen.
Der Vater will in den Ferien mit dem Fahrrad fahren.
Die Mutter will in den Ferien in der Sonne liegen.

Seite 35

1. Der Wind kann: pfeifen, wirbeln, blasen, rütteln, wehen.
Der Regen kann: trommeln, platschen, prasseln.

2.

Wind	+ Rad	= Windrad
Wind	+ Mühle	= Windmühle
Wind	+ Rose	= Windrose
Wind	+ Richtung	= Windrichtung
Wind	+ Stärke	= Windstärke
Regen	+ Tropfen	= Regentropfen
Regen	+ Schirm	= Regenschirm
Regen	+ Mantel	= Regenmantel
Regen	+ Wurm	= Regenwurm
Regen	+ Bogen	= Regenbogen
Regen	+ Wasser	= Regenwasser
Regen	+ Wolken	= Regenwolken

3.

Wetter	+ Frosch	= Wetterfrosch
Wetter	+ Hahn	= Wetterhahn
Wetter	+ Häuschen	= Wetterhäuschen

Seite 37

1. Mein Meerschweinchen
Zu meinem 6. Geburtstag vor zwei Jahren habe ich ein Meerschweinchen geschenkt bekommen. Ich habe ihm den Namen „Schnuffi" gegeben. Es ist inzwischen ganz zutraulich. Wenn ich in mein Zimmer komme, pfeift es ganz laut. Am liebsten frißt mein Meerschweinchen grünen Salat, Gurke und Löwenzahn. Im Sommer kann es im Garten Gras fressen. Mein Vater hat für Schnuffi einen besonders großen Käfig ohne Boden gebaut. Ich habe Schnuffi sehr lieb und bin froh, daß Meerschweinchen bis zu zehn Jahre alt werden können.

2. Der Hamster ist ein Nachttier.
Er ist bei Dunkelheit besonders munter.
Die Katze liebt die Freiheit.
Sie kommt aber immer wieder nach Hause.
Das Eichhörnchen ist ein Nagetier.
Es frißt gern Nüsse.

3. Der Junge spricht natürlich von seinem Hund. Das Namenwort muß immer zuerst genannt werden. Danach kann es durch ein Fürwort ersetzt werden. So kann es nicht zu Mißverständnissen kommen.

Lösungshilfen

Seite 39

1. Gesucht!
   Heute morgen habe ich meinen Fingerhandschuh aus Wolle verloren. Er ist bunt und hat auf jedem Finger ein lustiges Gesicht. Wer ihn findet, soll ihn bitte in der 3 a abgeben.
   Bernd

2. Suchanzeige
   Ich habe meinen Anorak verloren. Er ist hellblau mit dunkelblauen Punkten. Sein Innenfutter ist rot. Am Halsausschnitt, an den Ärmeln und an den Taschen hat er grüne Strickbündchen. An die linke Seite habe ich eine Plakette mit einem großen roten „B“ gesteckt.

3. Fausthandschuhe, Fingerhandschuhe, Boxhandschuhe, Gummihandschuhe, Spitzenhandschuhe.

Seite 41

1. Mein Gegenstand ist aus rotem Plastik und hat weiße Punkte. Er ist rund. Man kann ihn gut rollen und, weil er leicht ist, auch gut werfen. *(Ball)*
   Mein Gegenstand ist aus weichem, braunem Fell. Er hat zwei bewegliche Arme und Beine. An seinem Kopf hat er zwei kleine, runde Ohren, zwei Knopfaugen und eine große, braune Schnauze. *(Bär)*
   Mein Gegenstand ist aus rotem Papier. Er besitzt zwei leichte, dünne Holzleisten und eine Schnur mit bunten Papierstreifen. Mein Gegenstand hat vier Ecken. Man benutzt ihn vor allem im Herbst. *(Drachen)*

2. stumpf – spitz
   schwer – leicht
   durchsichtig – undurchsichtig
   neu – alt
   hart – weich
   süß – sauer
   eckig – rund
   dick – dünn
   glatt – rauh

3. Es ist eine süße, weiche Frucht mit gelber Schale.
   (falsche Merkmale: mit Kern, Gemüse)
   Es ist ein kleiner, eckiger Gegenstand aus Pappe.
   (falsche Merkmale: weich, Spielzeug)

Seite 43

1. Klaus ist ein einäugiger Seeräuber.
   Nina ist eine stolze Prinzessin.
   Stefan ist ein schlauer Zauberer.
   Susanne ist ein dicker Clown.
   Bernd ist ein mutiger Indianer.

Lösungshilfen

2. Clown Dicknase
   Zauberer Spitzhut
   Seeräuber Scharfsäbel
   Indianer Buntfeder
   Prinzessin Goldhaar

3.

traurig

fröhlich

erstaunt

Seite 45

1. Nina schlendert an den Geschäften vorbei.
   Nina überquert die Straße.
   Viele Kinder eilen zur Schule.
   Ein Kind saust um die Ecke.
   Nina humpelt verletzt weiter.
   Nina schleicht an ihren Platz.

2. Leute, die zu Fuß gehen, nennt man Fußgänger.
   Leute, die auf Berge steigen, nennt man Bergsteiger.
   Leute, die spazierengehen, nennt man Spaziergänger.

3.

schlurfen

schleichen

wandern

stapfen

watscheln

Lösungshilfen

Seite 47

1. Nina erledigt (schreibt) ihre Hausaufgaben.
   Ninas Mutter schüttelt die Betten auf.
   Herr Reiser wickelt (säubert, wäscht) das Baby.
   Bernd baut einen Turm.
   Der Architekt zeichnet einen Bauplan.
   Nora kocht (rührt) einen Pudding.

2. duschen, Zähne putzen, baden, Haare kämmen, sich waschen, Fingernägel schneiden, im Wasser planschen, Haare waschen, Haare fönen
   Dir ist sicher noch mehr eingefallen!

3. Der Staubsauger brummt.
   Der Wecker rasselt.
   Die Schreibmaschine klappert.
   Die Gläser klirren.

Seite 49

1. Diese Fahrzeuge fahren schnell: der Zug, die Straßenbahn, der Sportwagen, das Taxi, der Bus, das Motorrad, der Krankenwagen, das Feuerwehrauto, die Untergrundbahn.

   Diese Fahrzeuge fahren langsam: das Dreirad, die Rollschuhe, das Fahrrad, der Kinderwagen, die Schubkarre, der Handwagen, das Müllauto.

   Diese Fahrzeuge fahren laut: die Straßenbahn, der Sportwagen, das Taxi, der Bus, die Rollschuhe, das Motorrad, der Krankenwagen, das Feuerwehrauto, der Zug, die Untergrundbahn, das Müllauto.

   Diese Fahrzeuge fahren leise: das Fahrrad, der Kinderwagen, die Schubkarre, der Handwagen, das Dreirad.

2. Das Motorrad wartet vor der Ampel.
   Die Untergrundbahn rast unter der Straße.
   Der Schnellzug hält im Bahnhof.
   Das Fahrrad fährt auf dem Radweg.
   Das Auto parkt im Parkhaus.
   Der Lastwagen steht an der Ausfahrt.

3. die Fahrkarte
   die Fahrschule
   das Fahrgeld
   der Fahrstuhl
   das Fahrrad
   der Autofahrer
   der Rollschuhfahrer
   der Rollerfahrer
   der Straßenbahnfahrer
   der Lastwagenfahrer

Seite 51

1. *Hast du eine ähnliche Lösung gefunden?*
   Im Herbst sucht man auf der Erde bunte Blätter. Die schönsten sammelt man und legt

sie zu Hause zwischen Zeitungspapier. Jetzt preßt man sie unter schweren Büchern. Nach einigen Tagen kann man die gepreßten Blätter auf ein Zeichenblatt legen. Man verschiebt sie so lange, bis Blättermännchen oder Blättertiere entstehen. Diese lustigen Figuren klebt man auf. Schließlich kann man das fertige Bild aufhängen.

3. Karin sieht am Boden ein schönes, rotes Blatt (1). Schnell hebt sie es auf (2). Leider hat es ein großes Loch (3). Karin läßt es wieder fallen (4).

Seite 53

1. Ninas Mutter bezahlt an der Kasse. Eine Verkäuferin legt das neue Kleid vorsichtig in eine große, weiße Plastiktüte. Nina freut sich.

2. *Für diese Aufgabe hast du sicher eine eigene gute Lösung gefunden. Lies deine Geschichte deiner Mutter, deinem Vater, einer Freundin, einem Freund oder jemand anderem vor. Dein Zuhörer muß die Geschichte verstehen, ohne vorher die Bilder gesehen zu haben. Wenn er noch Fragen hat, mußt du deine Geschichte noch genauer aufschreiben.*

3. Dieses Bild kann man zwischen das dritte und das vierte Bild einschieben.

Seite 55

1. *Bei dieser Aufgabe mußt du eine eigene Lösung finden. Hast du deiner Oma zum Geburtstag schon einmal einen ähnlichen Brief geschrieben?*

2. An Frau
   Lene Nowack
   Hauptstr. 15
   7500 Karlsruhe

3. Lieber Bernd!
   Vielen Dank für *Deinen* Brief und *Deine* Glückwünsche. Daß *Ihr* mich am Sonntag alle besuchen wollt, freut mich ganz besonders. Nina und *Du* habt mir sicher wieder einiges von der Schule und von *Euren* Freunden zu erzählen. Natürlich backe ich wieder *Deinen* Lieblingskuchen! Ich hoffe, daß er *Dir* wie immer schmeckt!
   Herzliche Grüße von

   Oma

Lösungshilfen

Seite 57

1.

(1) Nina und Bernd spielen im Schnee.
Sie bauen eine kleine Schanze.
Mit den Händen klopfen sie den Schnee fest.

(2) Beide setzen sich auf den Schlitten.
Sie sausen den steilen Hügel hinunter.
Die Kinder fliegen über den Schnee.

(3) O je, sie landen im Schnee.
Der Schlitten fährt allein den Berg hinunter.
Nina und Bernd stecken im Schnee.

(4) Sie betrachten sich gegenseitig.
Die Geschwister müssen laut lachen.
Schnell klopfen sie den Schnee ab.

3. Schneesturm, Schneefall, Schneestiefel, Schneeglöckchen, Schneemann, Schneebesen, Schneegans, Schneebrille, Schneehase, Schneeball, Schneeanzug ...

Seite 59

1. an der Bushaltestelle warten
in den Bus einsteigen
Fahrkarte entwerten
auf einen freien Platz setzen
den Halteknopf drücken
die Tante begrüßen

2. *So könnte die Geschichte aussehen:*
Nina steht an der Bushaltestelle und wartet schon ungeduldig auf den Bus. Da kommt er endlich. Schnell steigt Nina ein und entwertet ihre Fahrkarte. Danach setzt sie sich auf einen freien Platz. Kurz vor ihrem Ziel steht sie auf und drückt den Halteknopf. Die Tür öffnet sich zum Aussteigen. Tante Andrea wartet schon auf Nina und begrüßt sie herzlich.

3. Auf dem Gehweg darf man nicht Ball spielen, weil der Ball auf die Fahrbahn rollen kann. Während man auf den Bus wartet, soll man nicht miteinander kämpfen. Zu schnell kann man dabei auf die Fahrbahn stürzen.
Beim Einsteigen in den Bus darf man nicht drängeln, weil man sich dabei verletzen oder hinfallen kann.

Seite 61

1. *Vergleiche diese Lösung mit deiner eigenen.*
Ninas Mutter steht in der Küche und kocht. Sie bittet Nina, den vollen Abfalleimer auszuleeren. Vor dem Haus trifft Nina ihre Freundin. Nina stellt den Abfalleimer ab und begrüßt Susi. Während sie Susi ein Geheimnis ins Ohr flüstert, wirft ein kleiner Hund den Eimer um und verteilt den Abfall. In diesem Moment schaut die Mutter aus dem Fenster und sieht entsetzt die Bescherung.

Lösungshilfen

2. Ninas Mutter bittet: „Bring bitte den Abfall zur Mülltonne!“ Susi begrüßt ihre Freundin Nina: „Hallo Nina, was machst du?“ Nina flüstert Susi ins Ohr: „Ich will ein Muttertagsgeschenk basteln. Willst du mitkommen?“ Die Mutter ruft aus dem Fenster: „Nina, was ist denn mit dem Abfall passiert?“ Nina schreit vor Schreck: „O je, das war der kleine Lumpi! Jetzt muß ich wieder alles zusammensammeln.“
Deine Personen können auch etwas anderes sagen.

3. Auf dem Schulhof *ruft* Peter seinem Freund eine Neuigkeit zu.
Peter *schimpft* mit seinem Hund, weil er eine Wurst gestohlen hat.
Während des Unterrichts *flüstert* Klaus seiner Nachbarin ein Geheimnis zu.
Die Oma *erzählt* Bastian ein spannendes Märchen.

Seite 63

1. *Du solltest deine Geschichte jemandem vorlesen. Wenn sie spannend und phantasievoll ist, dann hast du es richtig gemacht.*

3. Der Schmetterling *flattert* um die Blätter.
Die Mücke *schwirrt* um das Licht.
Das Segelflugzeug *gleitet* über die Felder.
Die Rakete *rast* in den Himmel.
Die Möwe *segelt* über das Wasser.

Seite 65

1. Am letzten Sonntag *fuhren* wir schon am frühen Morgen mit dem Auto an einen See. Nach der Ankunft *packten* wir zuerst unser Schlauchboot *aus*. Bernd und Vati *begannen* sofort mit dem Aufblasen. Ich *stürzte* mich gleich ins Wasser und *tauchte* nach schönen Steinen. Um die Mittagszeit *breitete* Mutti die große Tischdecke aus. Sie *stellte* Schüsseln mit feinen Salaten, Würstchen und andere leckere Sachen darauf. Als wir gerade mit dem Essen *anfingen, hörten* wir in der Ferne ein Grollen. Da *fielen* auch schon die ersten Regentropfen. Eilig *packten* wir alles zusammen und ...

3.

Jetzt	–	vor einiger Zeit
es tropft	–	es tropfte
ich esse	–	ich aß
er rennt	–	er rannte
es donnert	–	es donnerte
sie fallen	–	sie fielen

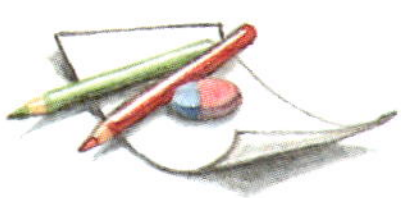

Hilfen zur Wortwahl

Auto Feuerwehrauto, Krankenwagen, Lastwagen, Müllauto, Möbelwagen, Omnibus, Personenauto, Polizeiauto, Postauto, Sportwagen, Tankwagen

Haus Einfamilienhaus, Mietshaus, Wohnhaus, Geschäftshaus, Villa, Palast, Schloß, Burg, Blockhaus, Gartenhaus, Hochhaus, Wolkenkratzer, Hütte, Bude

Kind Mädchen, Junge, Schwester, Bruder, Freund, Freundin, Schüler, Schulanfänger, Radfahrer, Lausbub, Schlingel, Bengel, Angsthase, Angeber

Regen Sprühregen, Dauerregen, Gewitterregen, Nieselregen, Platzregen, Wolkenbruch, Regenguß, Schauer

Wasser Pfütze, Tümpel, See, Meer, Ozean, Quelle, Bach, Fluß, Strom

Weg Pfad, Feldweg, Fußweg, Waldweg, Radweg, Gasse, Straße, Hauptstraße, Umgehungsstraße, Schnellstraße, Autobahn, Fußgängerweg, Bürgersteig, Wasserstraße

Zeit Augenblick, Moment, Ewigkeit, Sekunde, Minute, Stunde, Tag, Woche, Monat, Jahr, Morgen, Mittag, Abend, Nacht, Vormittag, Nachmittag, Mitternacht

Hilfen zur Wortwahl

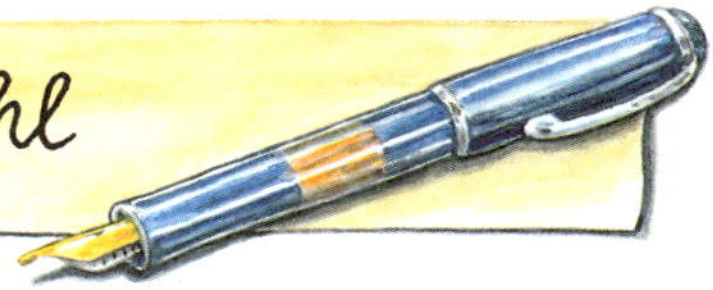

essen futtern, schmausen, speisen, verzehren, vertilgen, knabbern

fliegen flattern, schweben, segeln, gleiten, schwirren

gehen (schnell) eilen, rennen, sausen, rasen, hasten
(langsam) schlendern, bummeln, trödeln, spazieren
(besonders) schleichen, humpeln, hüpfen, schlurfen, stapfen, wandern, waten

machen anfertigen, herstellen, ausführen, veranstalten, unternehmen, abhalten

sagen meinen, erzählen, entgegnen, reden, plaudern, berichten, fragen, antworten, plappern, quasseln, prahlen, schwatzen
(laut) schreien, brüllen, rufen, kreischen
(leise) flüstern, tuscheln

sehen bemerken, betrachten, beobachten, entdecken, erblicken, anstarren, zuschauen, erspähen, besichtigen, schauen

singen summen, brummen, schmettern, trällern
(Vögel) pfeifen, trillern, zwitschern, piepsen, zirpen

Hilfen zur Wortwahl

groß gewaltig, hoch, lang, breit, mächtig, riesig, umfangreich, stattlich, geräumig, wuchtig

klein klitzeklein, kümmerlich, schmal, winzig

langsam gemächlich, bedächtig, schwerfällig, ohne Eile

laut lärmend, geräuschvoll, ohrenbetäubend, lautstark, schallend

ruhig still, leise, lautlos, friedlich, geruhsam, regungslos, seelenruhig, in aller Ruhe, gelassen, ohne Eile

schnell rasch, geschwind, schleunigst, blitzschnell, pfeilschnell, flink, hastig, wie im Flug

schön wunderschön, bildschön, hübsch, niedlich, lieblich, reizend, herrlich, wundervoll, zauberhaft

Hilfen zur Wortwahl

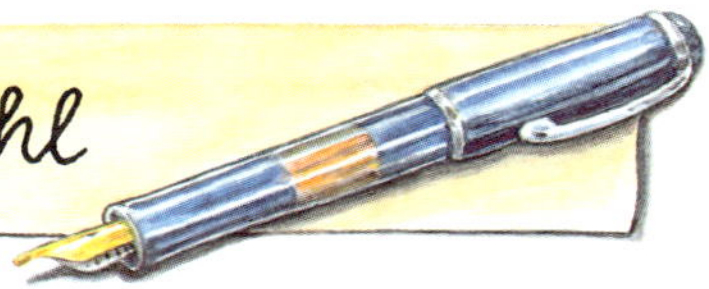

dann da, danach, darauf, im nächsten Augenblick, einige Minuten später, nach einiger Zeit, daraufhin, im Anschluß daran

früher vor langer Zeit, einst, damals, vor vielen Jahren

immer dauernd, ständig, immerzu, andauernd, fortwährend, stets

jetzt im Augenblick, eben, nun, im Moment, zur Zeit, augenblicklich, sofort

oft häufig, wiederholt, mehrmals, oftmals, immer wieder, mehrfach

plötzlich mit einem Mal, unerwartet, überraschend, auf einmal, aus heiterem Himmel